Lib 44
948

ESQUISSE RAPIDE

DE LA CÉRÉMONIE

DE L'INAUGURATION DU BUSTE

DE S. M. L'EMPEREUR,

PAR LA R∴ L∴ DE St-JEAN DE THÉMIS,

A L'OR∴ DE CAEN,

LE JOUR DE LA FÊTE DE L'ORDRE M∴

AU SOLSTICE D'HIVER.

A CAEN,
De l'Imprimerie de F. POISSON, Imprimeur-Libraire,
rue Froiderue.

M. DCCC. VI.

ESQUISSE RAPIDE

DE LA CÉRÉMONIE

DE L'INAUGURATION DU BUSTE

DE S. M. L'EMPEREUR,

PAR LA R∴ L∴ DE St-JEAN DE THÉMIS, A L'OR∴ DE CAEN,

LE JOUR DE LA FÊTE DE L'ORDRE M∴

AU SOLSTICE D'HIVER.

A∴ L∴ G∴ D∴ G∴ A∴ DE L'U∴,
Au N∴ ET S∴ L∴ A∴ du G∴ O∴ DE F∴

L'AN de la V∴ L∴ 5805, le 10ᵉ jour du 11ᵉ mois, dans le moment où le flambeau de la nature déploye avec plus de force ses obliques rayons, où les ouvriers, par l'ardeur et l'activité de leurs travaux retracent l'image des plus beaux jours, le trône est occupé par le R∴ F∴ Lasseret, les colonnes sont éclairées par les F∴ Costy et Bayeux, et tous les freres brûlent d'impatience de voir se réaliser l'objet de leurs vœux.

Le temple est ouvert d'abord aux FF∴ visiteurs, qui reçoivent un accueil vraiment fraternel, et nous offrent les heureux prémices de la plus belle des fêtes.

Le maître des cérémonies introduit ensuite les députés des R∴ L∴ de *la Constante Amitié* à l'Or∴ de Caen, et de *l'Etroite Amitié* à l'Or∴ de Honfleur ; reçus avec tous les honneurs convenables, et avec les transports de la joie qu'inspire cette double visite, ils s'empressent de concourir à l'embellissement d'une sublime et touchante solennité.

Leurs regards et ceux de tous les ouvriers, fixent avec transport l'image d'un Héros pacificateur. A ses pieds repose l'aigle redoutable, compagnon de sa gloire ; mais c'est le repos majestueux du ministre de la foudre.

Au milieu des feux du midi l'on voit briller la gloire. Sa main présente une couronne à NAPOLÉON, et sa bouche s'apprête à faire entendre la trompette héroïque ; près d'elle le génie de l'histoire, environné de trophées, trace pour la postérité ces faits mémorables qu'elle aura peine à croire.

Vers le nord, mais bien éloignée d'en ressentir l'influence, l'Amitié se présente à Thémis, enivrée comme elle d'une joie vive et pure ; elle veut faire jouir les regards de la déesse de tout l'éclat de la gloire qui environne le Héros, et si elle soulève momentanément son bandeau, c'est pour mieux éclairer le feu d'un sentiment que Thémis même se plaît à faire éclater.

Cependant les travaux marchent avec ordre et rapidité ; le mot de sémestre est communiqué et rendu suivant les formes maçonniques.

Les R∴ FF∴, Lecomte-Breton, V∴ *de la Constante Amitié*, et Daigremont, ex-V∴ de cet Att∴, sont invités à couvrir le temple, pour aller recevoir des mains du maître des cérémonies, et porter dans l'auguste enceinte, le buste de l'immortel Empereur des Français.

Ces deux V∴ maîtres se rendent dans les pas perdus, accompagnés de douze chevaliers S∴ P∴ R∴ ✠. Bientôt une douce et brillante harmonie annonce leur retour ; au premier signal l'Or∴ et les colonnes s'ébranlent pour se mettre au grand ordre, et le buste vénéré est introduit au milieu du bruit redoublé des glaives et des maillets ; il s'avance environné de tout l'éclat des étoiles, au milieu de l'embrâsement d'une voûte étincellante, et tous les cœurs répètent avec l'harmonie :

Où peut-on être mieux qu'au sein de sa famille ?

Le cortège parvenu à l'autel qui attend l'image auguste du glorieux protecteur de l'ordre, le V∴ s'élance de son trône vers cet autel, et après y avoir placé le buste, il prononce avec la noblesse et le feu qui le caractérise, un discours auquel répondent les plus vives et les plus ardentes batteries, il est conçu en ces termes :

« Ne semble-t-il pas, mes F∴, que le G∴ A∴ D∴ L∴ arrêtoit
» par sa main bienfaisante notre vif empressement à célébrer cette fête,
» pour offrir à nos ames de nouveaux objets d'admiration, et à nos
» cœurs de nouveaux sujets de reconnoissance. Il luit enfin ce jour heu-
» reux qui va retracer à nos sens les grands exploits, les magnanimes
» actions de l'incomparable Héros de la France ; oui, MM∴ FF∴ ,
» incomparable à ceux que l'histoire place au rang des Héros.

» Leur grandeur consistoit dans l'ambition des conquêtes et dans
» l'asservissement des peuples.

» La grandeur de notre Héros n'aspire qu'au bien général, elle est
» rayonnante de l'amour des Français et de l'amour de tous les
» hommes.

» Il n'est pas une de ses pensées, une de ses actions qui ne se soient
» dirigées vers la conservation de l'espèce humaine, et si son bras
» s'est armé du glaive et de la foudre, ce n'est pas pour troubler
» l'harmonie et la paix des autres nations ; mais pour combler les
» abîmes dans lesquels les puissances ennemies vouloient précipiter
» les Français ; ce bon pere par les efforts du génie, ajoutés aux efforts
» du génie a su écarter les traits lancés de toutes parts contre ses en-
» fans ; et couvert du manteau de la gloire, il les a couverts du man-
» teau du bonheur.

» Cette guerre, dont le commencement et la fin se touchoient de si près,
» n'étoit qu'un commerce de violence et de perfidie, dès-lors le Sou-

» verain qui l'avoit entreprise contre le droit des gens, et pour satis-
» faire sa haine ou celle des autres, méritoit d'être affoibli, abaissé,
» en un mot, d'être privé du pouvoir de nuire. Tel est le sort qu'é-
» prouvent déjà deux de ces potentats qui avoient violé des engage-
» mens solennels garantis par la bonne foi ; tel est le sort qui menace
» tout prince qui voudroit les imiter ; tel est le sort qui est préparé à
» cette nation orgueilleuse qui détruit l'ordre et l'équilibre que toutes
» les Nations doivent établir entre elles, comme le gage de leur
» sureté.

» Que la paix que le vainqueur vient d'accorder généreusement aux
» vaincus, fasse une impression si profonde sur le Souverain du Nord,
» qu'il n'ose plus franchir l'espace qui sépare la Russie de la France.

» Que cette paix dure aussi long-temps entre la France et l'Autri-
» che, que la rivalité de cette puissance a duré contre la France.

» Pour ces peuples dont l'antique usage étoit de se peindre le corps,
» puissent-ils inventer un ciment tellement impénétrable, qu'il scelle
» tous les pores qui exhalent tant de maux sur la surface des deux
» mondes.

» Tant qu'ils posséderont, il est vrai, dans leur sein *un autre mi-*
» *lord Sommers* qui, pour justifier la ruineuse prolongation de la
» guerre qu'il soutenoit, se contentoit de répondre : *J'ai été élevé*
» *dans la haine de la France*, ces peuples seront toujours injustes.

» Il se présentera peut être aussi un autre *Bolinbrok*, qui leur
» dira : « La France est environnée d'une multitude d'ennemis, tous
» attachés à ruiner sa puissance ; mais de même que les architectes de
» cette tour fameuse, ils parlent diverses langues, et faute de s'enten-
» dre, ils ne pourront pas plus démolir que les autres ne purent bâtir. »
» Alors pourront se fermer les portes du temple de Janus.

» Et s'ils n'ont point un sage parmi eux, NAPOLÉON, ce grand sage
» du monde saura retremper leurs ames dans la source des lois éter-
» nelles de la nature.

» Qu'ils ne croient pas, ces descendans des Pictes, qu'il fléchira

» devant leurs foudres; ce sont les foudres *de Salmonée*, dont l'or-
» gueil irrita Jupiter, qui le foudroya lui-même.

» Mais cessons de nous occuper de ce fléau du genre humain.

» Reposons nos regards enchantés sur l'homme immortel que nous
» célébrons.

» Admirons le guerrier partout sous les armes, et partout vainqueur.

» Contemplons le vainqueur d'Austerlitz, couronné par les mains
» de la victoire, assis sur le premier trône du monde, gouvernant ses
» états avec le pouvoir le plus sage.

» Admirons le législateur, ayant toujours la règle à la main, fai-
» sant succéder l'autorité de la raison à ces vicissitudes de haine et de
» trahison.

» Contemplons-le au milieu de sa gloire, auprès de la justice et de
» l'amitié, ces deux sœurs inséparables, ces deux compagnes de notre
» Héros, et que nos cœurs attendris et reconnoissans répètent : vive,
» vive, vive Napoléon le Grand, le Grand sage de la terre, l'exem-
» ple des Rois, et le bienfaiteur des Nations. »

Pendant ce discours, la voûte azurée s'est entr'ouverte tout-à-coup au-dessus de l'autel inaugurateur. L'on a vu descendre de la région éthérée une couronne de laurier qui est venue se placer majestueusement sur le front du Héros.

Aux applaudissemens produits par cette double jouissance, succède un silence profond; et le F∴ Chantereyne, orateur, parle à son tour avec tout l'enthousiasme qu'inspire un si beau sujet, des triomphes et des bienfaisantes vertus de Napoléon. Voici son discours :

« Il est enfin arrivé ce jour si cher à nos vœux ; et c'est au milieu
» de toute la splendeur d'un pouvoir créé par la sagesse et garanti
» par la victoire, c'est au milieu de tout l'éclat des triomphes et
» de tous les transports de l'enthousiasme public, que le flambeau
» de l'Orient vient marier ses feux à la lumière sacrée du trône, et
» présenter à nos regards cette image auguste que l'admiration et l'a-
» mour ont gravée dans nos cœurs.

» Trop long-temps le désir d'environner cette fête mémorable de
» toute la pompe qu'elle exige, a comprimé les élans de votre zèle.
» Le moment est venu de vous livrer à toute l'ardeur du senti-
» ment, et à toute l'ivresse de la joie.

» Amis éclairés de la patrie, vous voyez au milieu de vous celui
» qui, du sein des ruines et des malheurs publics, a su élever la France
» au comble du bonheur et de la gloire.

» Amis de l'humanité, vous devez à son sanctuaire le buste d'un
» Héros dont le cri de guerre est *la paix*; et qui, mettant son plus
» beau triomphe à épargner le sang des peuples, gémit toujours de
» voir la rage implacable de nos ennemis condamner son glaive à de
» nouvelles victoires.

» Maçons, vous avez voulu rendre un hommage particulier au
» génie protecteur dont les triomphantes mains ont relevé le temp-
» ple, ranimé son céleste foyer, et couvert ses colonnes d'un éclat
» immortel.

» Fiers d'un titre que la vertu seule rendit toujours respectable,
» mais qu'il est beau de partager avec le glorieux vainqueur d'Aus-
» terlitz, vous voyez le premier sceptre du monde ajouter un nouveau
» lustre aux richesses dont l'Orient étincelle, et le ministre de la fou-
» dre brûlant de porter sur ses ailes une couronne étincelante près
» de cette étoile mystérieuse qui annonçoit à la France son Empe-
» reur; à l'Italie son vainqueur et son Roi; à des alliés fidèles leur gé-
» néreux appui; à l'Allemagne son rapide et modeste conquérant; à
» l'Angleterre le génie qui renverse ses projets, et le bras qui, par-
» tout la menace; à l'Europe son pacificateur et son arbitre; à l'ar-
» mée son héros et son père; à Thémis son législateur; aux sciences
» et aux arts leur illustre soutien; au commerce son espoir, et à
» l'univers entier un objet éternel d'admiration et d'attachement.

» C'ets au milieu de ces trophées si propres à électriser vos ames;
» c'est au milieu des premières douceurs d'une paix glorieuse et du-
rable,

» rable, que vous avez voulu consacrer la plus belle fête de l'Ordre
» à son plus illustre protecteur.

» Ce n'est point ici, mes FF∴, une de ces serviles apothéoses
» dont la bassesse et la flatterie firent souvent un indigne usage; c'est
» un tribut éclairé que la raison approuve, et que la justice com-
» mande.

» Déjà l'Amitié, (1) cette Divinité dont la noble et douce flamme
» fut toujours l'aliment des grands cœurs; déjà l'Amitié a revêtu de
» ses guirlandes les palmes du génie et les lauriers de la gloire; déjà
» nous avons vu la poësie, l'éloquence et l'harmonie former à sa
» voix une heureuse alliance, et s'élever à toute la hauteur du sujet
» qui pénètre si vivement nos ames.

» A ces premières offrandes, Thémis vient ajouter l'hommage de
» sa fidélité et le tribut de son amour. Ce n'est plus aujourd'hui cette
» aveugle et impassible Divinité qu'on nous peint avec un front de
» glace au milieu de ses austères fonctions.

» Ici, mes FF∴, le sentiment est un devoir comme un besoin
» pour son ame. Eh! pourroit-elle ne pas s'animer à la vue des sil-
» lons de lumière et des rayons de gloire qui l'environnent? Pour-
» roit-elle ne pas chérir la clarté du jour, lorsque la vertueuse et
» *Constante Amitié*, dont la destinée est de l'éclairer, et jamais de
» la séduire, vient elle-même détacher son bandeau et faire jouir ses
» yeux de tout l'éclat d'une fête ordonnée par son cœur?

» Pourroit-elle ne pas contempler avec transport un Héros dont
» la justice précède, et dont l'humanité suit le char victorieux? Pour-
» roit-elle ne pas chérir avec transport celui dont le génie prépare
» ses oracles; celui dont le bras soutient sa balance sacrée, et ne
» permet qu'à la clémence d'en écarter quelquefois les redoutables
» faisceaux; celui dont l'œil perçant a su pénétrer les sombres dédales
» du droit; celui, enfin, qui a voulu, comme Thémis, appuyer la

---

(1) Allusion à la fête célébrée par la R∴ L∴ *de la Constante Amitié*, à l'Or∴ de Caen.

» justice sur l'équité, les lois sur la morale, la morale sur la religion,
» et sur toutes ces bases respectables, l'abondance, l'ordre et la paix.

» Pour sentir tout le prix du trésor qui va décorer votre temple,
» il n'est pas besoin de vous rappeler ces jours de deuil où ses co-
» lonnes tombèrent enveloppées dans les ruines publiques, où la guerre
» civile ajouta toutes ses horreurs au fléau de la guerre étrangère; où,
» enfin, les excès de l'anarchie surpassèrent dans leur lutte affreuse les
» ravages même de la féodalité.

» Le bien que notre Empereur fait chaque jour à la France,
» éclatte assez par lui-même sans qu'on y ajoute encore le contraste
» affligeant et la honteuse image des maux auxquels sa main seule
» pouvoit mettre un terme.

» A peine échappés à cette tempête effrayante qui, après avoir
» troublé l'atmosphère politique, a fini par lui rendre sa pureté, nous
» avons vu naître tout-à-coup un règne miraculeux qui, dès son au-
» rore, efface les plus beaux règnes d'une monarchie rendue à ses an-
» tiques limites, et revêtue d'une nouvelle splendeur.

» Nous avons vu s'élever du sein de nos débris un Héros qui, après
» avoir étonné l'univers et fatigué la renommée par le nombre et la
» rapidité de ses exploits, fait pardonner sa gloire à ses ennemis mê-
» mes et les force de rendre hommage à ses vertus.

» Armé pour punir les infracteurs des traités, et faire respecter les
» droits des nations, sa modération est la borne sacrée de ses conquêtes,
» et l'humanité plaintive peut seule arrêter ce foudre de guerre qu'on a
» vu détruire ou disperser en un clin-d'œil les forces conjurées de ses
» nombreux ennemis.

» En joignant les vertus du sage aux qualités brillantes du guerrier,
» et à la magnanime loyauté les vastes et profondes combinaisons de la
» politique, en réunissant au plus haut dégré l'assiduité du travail et la
» facilité du génie, la science législative et les grandes vues de l'adminis-
» trateur, les conceptions hardies et la rapide exécution, le courage et
» la prudence, le bonheur et tous les moyens d'y suppléer, l'ardeur et

» la persévérance, la fermeté qui réprime et l'indulgence qui pardonne ;
» il rassemble à lui seul ces traits divers dont se composent les grands
» caractères, et que la nature, après des siècles de repos et d'oubli, réunit
» une fois pour prouver aux hommes jusqu'où va sa puissance.

» C'est à ce Héros immortel que la France doit son retour vers l'ordre
» et l'urbanité ; c'est à lui que nous devons, mes FF∴, de voir la bien-
» faisance, sous les traits d'une épouse, ajouter à la majesté du trône
» des graces si touchantes, et ne connoître d'autres bornes que celles
» de la suprême puissance.

» C'est à son précieux appui que les Maçons doivent le bonheur de
» voir dans leur Grand-Maître un prince aussi estimable, par l'attache-
» ment que lui porte l'Empereur, que par celui qu'il a voué lui-même
» à son auguste frere, et qui digne de peser avec lui les grands intérêts
» de l'Europe, aussi cher aux Français par ses vertus aimables que par
» ses importans services, sait toujours, soit qu'il négocie au-dehors,
» soit qu'il se montre au-dedans le premier organe des bienfaits du
» trône, sait rallier autour de lui tous les esprits et tous les cœurs.

» C'est à NAPOLEON, mes FF∴, que nous devons encore l'avantage
» de voir le chef suprême de la magistrature répandre un nouveau
» charme sur les travaux du G∴ Or∴, et consacrer à l'ornement de
» son temple cette main qui a posé avec tant de succès les premières
» bases de notre législation.

» Si tous les grands Dignitaires de l'ordre nous offrent ces personna-
» ges illustres que des liens sacrés attachent à la personne de l'Empereur,
» que leurs talens et son honorable choix ont placés à la tête du gouver-
» nement et des armées, si le glaive de Mars et le sceptre de Thémis
» protègent nos atteliers, si la sagesse et la force, la science et la valeur
» leur assurent une gloire ineffaçable, c'est à notre auguste protecteur que
» nous devons tant de bienfaits ; et comment nous acquitter envers lui ?
» comment pourrons-nous lui témoigner toute la reconnoissance dont
» nous sommes animés ?

» Il est à cet égard, mes FF∴, il est un moyen digne de lui, comme

» de vous ; c'est de porter au plus haut dégré de perfection la science
» sublime qu'il a ranimée du feu de ses regards, et de soutenir par votre
» zèle, votre sagesse, votre concorde, cette institution dont sa main
» tutélaire avoit arraché le berceau des mains des barbares, et qui, forte
» de la pureté de ses principes, fière de l'approbation du premier des
» hommes, va s'embellir encore de tout l'éclat de ses triomphes.

» N'attendez pas de moi, mes FF∴, que je déroule à vos yeux le
» tableau de ces campagnes immortelles qui ont élevé la France à son
» véritable rang, et qui ne pouvoient être effacées que par celle dont
» les éclatans prodiges viennent de montrer dans un nouveau jour la
» science militaire du premier des capitaines, la modération du plus
» généreux des vainqueurs et les vertus du plus grand des monarques.

» C'est à l'histoire à nous apprendre par quelle magique puissance
» nous avons vu en si peu de jours tant de victoires remportées, tant
» de villes prises, tant de peuples soumis, et les destinées des siècles
» assurées par un trimestre de gloire.

» C'est à l'histoire qu'il est réservé de dire par quelle heureuse et
» nouvelle tactique les progrès de l'art de la guerre ont fait tourner au
» profit de l'humanité son plus terrible fléau.

» C'est aux arts libéraux qu'il appartient de célébrer à l'envi ces hauts
» faits d'armes dont la rapide et brillante série, en nous familiarisant
» avec les miracles de la valeur française, a fini par lasser l'admiration,
» détruire l'étonnement et rendre vulgaires, pour la grande nation, des
» prodiges jusqu'alors incroyables.

» Pour suivre le nouveau Charlemagne des bouches du Tibre aux rives
» du Rhin et de Boulogne à Austerlitz, il faudroit toute la rapidité de
» cet aigle redoutable qu'avoient cru surprendre deux aigles ennemis,
» et qui, après leur avoir arraché le tonnerre, ne leur a même pas laiss
» la ressource de la fuite.

» C'est donc envain que l'or et les intrigues de l'Angleterre avoient re-
» porté sur le continent le flambeau d'une guerre allumée par sa main
» perfide ; c'est envain que du nord au midi de l'Europe une coalition

» effrayante pour d'autres que des Français, dans son avide et fol es-
» poir, se partageoit déjà nos dépouilles.

» Vainement le présomptueux successeur de Charles XII, vainement
» deux Empereurs puissans par le nombre et le courage de leurs ar-
» mées, joignent au léopard britannique leurs aigles menaçantes ; vaine-
» ment une Reine coupable, foulant aux pieds la foi jurée, ouvre-
» t elle à nos ennemis les portes de ce royaume que lui avoit rendu un
» vainqueur généreux et trop confiant ; vainement, au milieu de l'em-
» brâsement de l'Europe, la politique adroite ou timide des uns et la
» neutralité flottante des autres, semblent-elles attendre, pour se raf-
» fermir, les hasards des combats et les décrets de la victoire.

» Il n'est point de hasards, il n'est point de coalitions, il n'est point
» de dangers que ne surmonte le courage de NAPOLÉON, et que ne
» dissipe son génie. Les efforts multipliés de tant de puissances ont
» ajouté de nouveaux fleurons à sa couronne ; et ses ennemis, en con-
» jurant sa ruine, n'ont fait, dans leur aveugle rage, que raffermir son
» empire et conspirer pour sa gloire.

» A peine a-t-il donné le signal de la guerre, et déjà nous voyons
» rétabli dans ses états un allié fidèle et brave, appelé désormais à de
» plus hautes destinées : déjà, par des marches rapides et savantes, par
» des manœuvres hardies, par une tactique brillante et sûre, l'Autri-
» chien enveloppé de toutes parts, abandonne au vainqueur ses armes,
» ses places de guerre, le pays qu'il avoit à défendre, et n'offre par-
» tout que des débris dispersés par la fuite.

» Bientôt l'Autriche et la Bohême conquises par nos armes, la Hon-
» grie soumise, les portes de Vienne ouvertes à nos troupes victorieu-
» ses, et les plaines de la Moravie, devenues le théâtre journalier de
» leurs exploits, sont les préludes d'un triomphe plus éclatant encore ;
» et l'astre du jour, en éclairant les colines d'Austerlitz, voit s'évanouir
» tout-à-coup, avec les restes d'une puissance belliqueuse, cette nuée de
» Tartares, mercenaires appuis de l'Angleterre, et funestes alliés de

» l'Autriche, qui, échappés des antres du Nord, fiers de leur nombre,
» de leur renommée et de la présence de leur jeune Souverain, s'é-
» toient flattés, dans leur présomptueuse audace, desubjuguer des Fran-
» çais et de changer à leur gré la face de l'Europe.

» Que pouvoit l'aveugle courage de ces barbares ? Que pouvoit leur
» masse immobile et froidement féroce, contre l'ardeur impétueuse et
» éclairée de nos guerriers ? Que pouvoient des cohortes indisciplinées,
» contre les belles manoeuvres de nos vieilles phalanges, contre les char-
» ges brillantes de notre cavalerie, et la foudroyante activité d'une
» artillerie àqui rien ne résiste ?

» Que pouvoit une valeur brutale et sans expérience, contre la tactique
» de tant d'habiles généraux, animés tous par les regards et dirigés par
» le génie du plus grand des capitaines ?

» Je n'entreprendrai point, mes F F∴, de vous décrire tous les prodi-
» ges de cette étonnante journée, où celui qui n'a point d'égal s'est lui-
» même surpassé ? La foiblesse de mes expressions seroit trop au-des-
» sous de l'enthousiasme qu'ont fait naître tant de merveilles, et je me
» borne a bénir avec vous leurs glorieux et bienfaisans résultats.

» Mais dans ce temple auguste, où la voix de l'humanité se fait tou-
» jours entendre avec tant d'intérêt, pourrions-nous ne pas célébrer les
» douceurs d'une victoire qui n'a coûté à la France qu'un petit nombre
» de braves, et qui en repoussant vers le Tanaïs ses habitans sauvages,
» épargne pour l'avenir des torrens de sang, et assure, avec le triomphe
» des lumières et de la civilisation, le repos et le juste équilibre de l'Eu-
» rope ?

» Pourrions-nous passer sous silence les nombreux bienfaits de NAPO-
» LEON envers les familles des guerriers morts au champ d'honneur, ces
» orphelins devenus les enfans de son adoption, et tous ces traits subli-
» mes qui, dans le favori de Mars, montrent un coeur sensible, géné-
» reux et vraiment philantrope ?

» Qui de nous, mes FF∴, n'a pas vu avec admiration ce Héros à qui

» la guerre présente autant de triomphes que de combats, s'attendrir le
» premier à la seule idée des maux qu'elle entraîne, repousser à l'avance
» des lauriers nécessairement trempés de sang et de larmes, et, certain
» de la victoire, épuiser tous les moyens d'obtenir la paix ? Voyez quelle
» est, avant le combat, sa paternelle sollicitude pour la vie des braves
» qui l'environnent ; rappelez-vous avec quel zèle il s'empresse d'arrêter
» au milieu du carnage le soldat irrité, avec quel tendre intérêt il fait
» prodiguer aux blessés tous les secours de l'art, et quelle est sa géné-
» rosité envers des ennemis qui n'avoient de salut que dans la clémence
» du vainqueur ?

» Dépouillée de son artillerie, réduite à quelques cohortes, et pressée
» de tous côtés par nos phalanges victorieuses, l'armée d'Alexandre ne
» peut échapper à leur juste vengeance ; mais elle n'implore pas envain
» la générosité française.

» Nous eussions vu tout autre vainqueur, écoutant les conseils du res-
» sentiment, et peut-être ceux d'une prévoyante circonspection, pour-
» suivre avec rigueur ses avantages ; mais le triomphe des uns et le
» désespoir des autres auroit encore coûté quelques pleurs à l'humanité...
» C'en est assez pour que николаон présente l'olivier de la paix à ceux
» qu'il pouvoit d'un mot effacer de la liste des vivans.

» Le spectacle des marais sanglans, où la mort venoit d'engloutir les
» malheureuses victimes de l'Angleterre, les cris déchirans qui avoient
» frappé son oreille, viennent se retracer à sa pensée, et à sa voix le
» glaive se cache, la mort s'éloigne ; et prêt à s'élancer vers de nouveaux
» trophées, le char de la victoire est arrêté dans sa course.

» Ainsi, mes FF∴, l'éclat d'une gloire meurtrière et féconde en
» ruines, n'a rien qui puisse éblouir un véritable héros ; c'est en met-
» tant un terme aux désastres de la guerre ; c'est en pardonnant aux
» vaincus, qu'il aime à profiter de la victoire.

Ah ! si sa confiance magnanime dans la foi de deux Empereurs,
avoit pu tromper sa prudence, loin de lui faire un reproche de cette

» *faute* sublime dont sa politique sembloit accuser son cœur, nous
» applaudirions encore aux sentimens d'humanité qui, dans le sacrifice
» d'une nouvelle victoire, lui assuroient le plus beau des triomphes.

» Mais si les fruits malheureux de toutes les coalitions ont assez fait
» connoître combien elles sont impuissantes contre un Peuple toujours
» prêt à vaincre ou mourir pour le maintien de son indépendance et de
» sa dignité ; si des princes nés pour les vertus, ont fait une assez cruelle
» épreuve du danger des conseils qui les ont égarés ; s'il est vrai que trop
» de sang a déjà payé les meurtriers présens de l'Angleterre ; si enfin la
» généreuse modération du vainqueur est la plus ferme garantie des
» engagemens que la justice prescrit aux vaincus, espérons, mes FF∴,
» espérons que le vainqueur d'Austerlitz n'aura jamais à se repentir
» d'avoir trop écouté la voix de la clémence.

» Déjà nous voyons se réaliser son vœu le plus ardent et l'espérance
» la plus chère à nos cœurs ; déjà l'Allemagne reçoit de sa main le con-
» solant olivier : et le théâtre de ses victoires, loin d'exciter en lui des
» vues ambitieuses, n'a de prix à ses yeux qu'en devenant la source
» et la matière de ses bienfaits.

» La paix dont nous allons jouir est l'ouvrage de la sagesse, autant
» que le fruit de la valeur ; et c'est assez vous dire, qu'établie sur des
» bases justes et modérées, mais fermes et invariables, adaptée à la
» situation actuelle de l'Europe, et environnée des plus fortes garan-
» ties, elle assure à la France un long et glorieux repos.

» Après avoir pacifié le continent, et fixé son véritable équilibre,
» il reste au Héros de la France à lancer aux pieds du Vésuve le fou-
» dre vengeur des parjures ; il lui reste à poursuivre par-tout ce gou-
» vernement perfide, qui, pour soutenir ses intérêts mercantiles et son
» intolérable despotisme, se fait un barbare plaisir de bouleverser l'Eu-
» rope ; qui du fond de ces comptoirs homicides, où il marchande le
» sang de ses imprudens alliés, contemple froidement les désastres où
» les plonge sa main corruptrice, et, fier du mobile rempart que l'O-
céan

» céan élève autour de son isle, croit toujours jouir avec impunité du
» fruit de ses brigandages et de ses forfaits.

» Ah! qu'il tremble de voir arriver enfin le jour tardif, mais ter-
» rible de la vengeance; qu'il tremble de voir le vainqueur du Danube
» montrer à la Tamise ce que peut la première des nations, com-
» mandée par le premier des hommes. S'il est difficile d'atteindre cet
» ennemi, à travers le retranchement dont l'enveloppe la nature; si
» cette marine, son unique espoir, présente des barrières à franchir,
» en est-il qui puissent arrêter des Français? Est-il des obstacles que ne
» puisse vaincre leur Empereur?

» Forcés de l'admirer, et réduits à le craindre, vaincus dans leurs
» alliés, harcelés dans leur commerce, et menacés dans leurs foyers,
» les Anglais ne feront-ils pas cesser enfin des calamités qui commen-
» cent à retomber sur leurs coupables auteurs? Eh! n'ont-ils pas assez
» long-temps, par leurs alliances monstrueuses troublé les Empires,
» fait chanceler les trônes, et versé le sang des victimes dévouées à
» leur avare et criminelle ambition.

» Jusqu'à quand se flatteront-ils de dicter des lois à un peuple trop
» fier et trop puissant pour se laisser avilir? Forceront-ils encore à de
» nouveaux combats un Héros, qui ne s'y présente que pour assurer
» l'indépendance et l'honneur du pavillon Français, la liberté des mers,
» le triomphe du commerce sur l'affreux monopole, la foi des traités,
» et le droit sacré des Nations.

» La cause des Français est celle de l'univers entier, c'est la cause
» des peuples même, dont l'Angleterre avoit surpris la vénale assistan-
» ce; c'est la cause de la raison et de l'équité; elle a pour base toutes
» les idées libérales, et la fortune n'abandonnera point dans une si
» juste entreprise l'ami des grandes pensées, le protecteur du com-
» merce, et le vengeur des deux mondes.

» Renonces donc à tes ambitieux projets, superbe Albion, et qu'à
» l'exemple de l'aigle des Césars, ton Léopard farouche apprenne à
» fléchir devant le favori de la victoire. La nature n'a-t-elle pas formé

» pour tous cet océan où tu prétends exercer ton exclusif empire ?
» Souffres donc la concurrence d'une Nation dont il est beau de par-
» tager les avantages, et lassée de ce trafic odieux, qui se nourrit de
» sang et de rapines, apprends à gouter les douceurs d'un commerce
» légitime et paisible, fruit heureux de la liberté et de l'harmonie
» générale.

» En attendant que ce vœu se réalise, félicitons-nous, mes FF∴,
» de voir au moins le continent pacifié; applaudissons au vainqueur,
» dont la plus douce jouissance au milieu de tout l'éclat des conquê-
» tes, a été d'en suspendre le cours; applaudissons à ces braves guer-
» riers qui, par tant de fatigues, de dangers et de prodiges, nous
» ont conquis une paix digne de notre Empereur et de son invincible
» armée. Jouissons avec transport du fruit de leurs triomphes, et que
» l'hymne sacré de la reconnoissance s'élève vers l'immortel auteur
» de tant de bienfaits.

» Harmonieux enfans de la lumière, Bardes de l'Orient, saisissez
» votre lyre; que vos accens répondent à la beauté de cette fête, à la
» grandeur de son Héros, et à l'ivresse de notre joie. Thémis réclame
» vos brillants accords, l'amitié vous appelle, la paix vous sourit et la
» gloire vous contemple... Montrez-vous dignes de célébrer à leurs
» yeux les triomphes de votre Empereur, et qu'une douce harmonie,
» par l'expression fidèle de notre amour, vienne à la fois, et charmer
» nos oreilles, et retentir au fonds de nos cœurs. »

Pleins des mêmes sentimens, les FF∴ qui remplissent le temple les font éclater de toutes parts, leur explosion vient frapper ses voûtes sacrées, et les cris répétés de *vive NAPOLEON*, *vive l'Empereur* retentissent à-la-fois au milieu de l'oriental sanctuaire et jusqu'au fond de l'occident.

Bientôt l'harmonie rivalisant de zèle et d'ardeur avec l'éloquence, pro- duit un morceau brillant et parfaitement analogue à la fête. Ouvrage du F∴ Regnault, il l'honore également et comme poète, et comme musi- cien; dicté par Euterpe, inspiré par Polymnie, digne sur-tout d'un

bon français et d'un excellent maçon, il a été couvert d'applaudissemens ; il est ainsi conçu :

>Dans ce temple de paix
>Nous ne formons plus de souhaits,
>   Heureux asile,
>   Doux et tranquile,
>Tous nos desirs sont satisfaits,
>Nous goûtons des plaisirs parfaits.
>
>Un nouveau charme m'environne....
>Que vois-je... un buste.... une couronne...
>D'où naît cet éclat solemnel ?
>Ah! c'est le héros de la France ;
>C'est celui qui, par sa vaillance,
>Mérita le nom d'Immortel ;
>   Heureux asile, etc.
>
>Vainement l'Europe étonnée *
>Veut balancer sa destinée,
>Tout cède au fer de ses guerriers ;
>Et pour le prix de sa victoire,
>La paix, au temple de mémoire,
>Forme un faisceau de ses lauriers ;
>   Heureux asile, etc.
>
>Laissons aux fastes de l'histoire
>Le soin d'éterniser sa gloire
>Et ses hauts faits et sa valeur :
>Essayons, dans notre langage,
>De lui présenter un hommage
>Que tout Maçon porte en son cœur ;
>   Heureux asile, etc.
>
>* Bataille d'Austerlitz.

L'harmonie maçonnique s'est emparée ensuite des belles stances adres-
sées à l'Empereur par l'éloquent François de Neufchâteau, et le refrein
de l'espérance et de l'amour *reviens NAPOLÉON sur ton char de
victoire*, etc. se fait entendre au milieu des plus doux accords et des
plus nobles accompagnemens. C'est le fruit des talens d'un agréable
compositeur, le F∴ Leroy, et la brillante exécution que lui donnent
les artistes de la lumière et les FF∴ qu'ils se sont adjoints, achève de
porter dans tous les cœurs l'ivresse de l'admiration et de la joie.

Pour mettre le comble aux jouissances produites par l'aimable réunion
des beaux arts, les Bardes de l'Or∴ exécutent avec autant de précision
que d'énergie le célèbre *vivat*, composé pour le couronnement de
celui que la victoire vient de couronner une seconde fois.

Au milieu des transports d'une allégresse générale, le F∴ premier sur-
veillant propose et la R∴ L∴ arrête le dépôt aux archives et l'impres-

sion, tant de la présente esquisse que des morceaux d'architecture qui ont contribué à l'embellissement de la fête.

Après avoir célébré les triomphes et les bienfaits de leur auguste protecteur, tous les FF∴ cherchent à se montrer dignes de son appui, en exerçant la vertu la plus chère à leurs sensibles cœurs.

Ce devoir rempli, les travaux suspendus un moment reprennent bientôt une nouvelle vigueur.

Le banquet s'ouvre, et la première santé rendue plus solennelle par la fête auguste qui a réuni un grand nombre de Maçons, est tirée avec autant de respect et de dignité que d'enthousiasme; elle se termine par un refrein chéri des français.

Celle du G∴ O∴, toujours si agréable et si précieuse, s'enrichit encore de tout l'éclat des grands Dignitaires qui dirigent ses travaux; et après avoir fait briller au milieu des accens d'une harmonie toujours nouvelle, la gaieté la plus franche et la plus cordiale amitié; après avoir vu succéder les uns aux autres des cantiques analogues à la circonstance; après avoir, au milieu des fraternelles étreintes et du doux balancement de la chaîne d'union, adressé l'hymne de la reconnoissance au G∴ Ar∴ par qui les trônes s'élèvent, et par qui la paix vient consoler les mortels; après avoir enfin employé la journée entière dans les plus sublimes travaux, le V∴ a fait retentir le maillet de la retraite à l'heure même où doit se fermer l'attelier maçonnique dans son premier ordre; et chacun des FF∴ a porté chez lui le sentiment ineffaçable du respect, de la reconnoissance et de l'amour envers le protecteur des Maçons, et le père de tous les Français.

LASSERET, V∴ R∴ ✠
COSTY, 1ᵉʳ S∴ R∴ ✠
BAYEUX, 2ᵉ S∴ R∴ ✠

Timbré et scellé par nous Garde-des-Sceaux, Timbre et Archives,
DAIGREMONT, *ex-V∴ R∴* ✠

Vu par nous Orateur,
CHANTEREYNE, R∴ ✠
Par Mandement de la R∴ L∴,
TRAGIN, pour l'absence du S∴

www.ingramcontent.com/pod-product-compliance
Lightning Source LLC
Chambersburg PA
CBHW060455050426
42451CB00014B/3336